子どもと孤独

Children and Solitude

エリス・ボールディング 著
小泉文子 訳/著

田畑書店

子どもと孤独◎目　次

子どもと孤独——創造性を養うために

「少友だより」から

装画　米倉斉加年
（「ＫＡＮＯ」）

子どもと孤独

――創造性を養うために

エリス・ボールディング 著
小泉文子 訳

孤独の果実

洗練された宮廷の廷臣であったウィリアム・ペン*は、大胆な政治家でありながら、一方では規律ある求道者、信仰のあついクエーカー教徒*でもあった。

一六〇〇年代の後半における騒乱時に、彼には、当時の王の寵《ちょう》を失って引退を余儀なくされた時期があった。その時、彼は「私を導きいれる優しい手にキスをした」と書き記しているが、それは、孤独を得がたい宝物として味わったという体験にほかならない。

彼の小冊子『孤独の果実』を開いてみよう。ここで彼は「この騒がしい人びとの群れから離れ、重荷ともいうべき世の中の忙しさから一歩外へふみだし、ものごとのなりゆきをじっと静かに見守る」ことを、われわれにすすめている。こうすることでわれわれの精神は高揚するのだと。そしてこれが、孤独のうみだす宝物なのであると。

私は、過去二十年間、孤独と沈黙を非常に尊ぶクエーカー教徒のひととして過ごしてきた（現実は、忙しい生活のさなかにあった）のだが、孤独になる時をもつ、ということは、われわれ大人ばかりでなく、子どもたちにとっても非常に大切であるということを、ごく自然に感じるようになった。

私個人の体験と宗教的確信をたしかめるために、社会学や心理学の考え方によってみようとして、私は幼児の成長に関する社会科学のいろいろな文献を読みあさっているあいだに、しばしば神の啓示へと導かれたものである。

個人の発達過程において、「人が社会化される過程」の重要性が発見されたことは、社会科学の発達をいちじるしく促進はしたが、一方で孤独の中におかれたときにこそ、人間の個人としての成長があるのだという考え方を、完全に抹殺してしまったように思われる。

なるほど、「ひとりぼっち」は、病理学的な現象としてとらえれば、内向性とか退避性、疎隔、またはズバリ、孤独、ということである。

そしてひとりでいること、つまり孤独というものの積極的なはたらきかけについては、ほとんど知られていない。

『孤独』という見出しで、大学図書館の目録カードをみると、おもに「詩人や、ドイツの形而上学者によって扱われるテーマである」と記述されているばかりだ。アレクサンダー・ポープ*は、わずか十二歳で、彼の最もすぐれた作品と目される『孤独の賦*』という作品を書いているのだが。

社会学の文献にあらわれてくるひとつの言葉に、プライバシーというものがある。その言葉が用いられる場合、そこには常に自暴自棄ともいえる激しさがともなう。

そしてプライバシーは、どんなに守りたいと願っても容易には守れないものなのである。

現代文明のなかで、プライバシーが、合法的に守られる場所といえば、自家用車の運転席くらいしかない。遠いところへ行くのに、公共のバスや列車を使わずに、男も女も、ドライブするのを選ぶようになったのには、こうした理由があるのではないだろうか。

たしかに私たちは、団体、あるいは団体主義に対して、なまなましい圧迫を感じる。それでいながら、次つぎに団体に属していくということは、他から孤立している状態を、自分のわがままなのではないか、というふうに感じるからではないだろうか。

あるいは「ひとりぼっち」でいることが恐ろしくて、団体のなかに埋没していくのではないだろうか。

荒野のなかで、これに対抗して数すくない声が絶叫する。

リースマン*教授は、『個人主義の再検討』のなかで、人間は、かくれた自我を啓発しなければならぬと警告している。ホワイト*氏の『組織の中の人間』や、ハリントン*氏の『水晶宮殿』のなかには、団体やチーム、組織にしばられた人間の、あわれな、みじめな姿が描かれている。

生理学的実験

私は、大人であれ、子どもであれ、個人の発達過程において、孤独こそが、積極的に効果のあるはたらきをしているという実験をして、今日、主流となっている考え方に対して異議を申し立てようと思う。

行動科学研究者の難しい言葉を借りてみよう。社会というものを、このうえなく複雑にはりめぐらされた網の目と考えるとき、個人は、その網の目にはめこまれた非常に複雑な、刺激の受容と伝達の場となる。さらにそれは、地球の物理的構造と織り合わされ、生物圏というものを構成する。

この刺激と反応という画期的な概念が導入されたことによって、人間がこの生物圏をどのように理解し、その中で互いにどのように影響しあってきたかを知ろうという心理学者の試みは、実を結ぶに違いない。

心理学者や神経科学者は、いつ起こるかわからない、膨大な種類の刺激に対する脳の受容体の反応を測定することができるようになった。この測定値の正確さは、注目にあたいするものである。

それに加えて、人間個人の発達過程において、個人と個人とのあいだのいろいろな関係が、どんな役割を演じているかということは、まず家庭において、あるいは、ちいさなグループのなかで、さらにより大きな社会的な場で、自身を惜しまずに分析することからわかってくる。

そして遂に、私たちは、子どもであれ、大人であれ、現在の彼ら自身を形成したものは何かという誰もが知りたがる問いに対する答えに、深い感動で直面することになる。それこそ偉大な、誇るべき成果といえよう。

しかし人間の社会化、またその適応能力だけに注目するあまり、人間のなかにある聖なるはたらきについて、私たちは何らの説明もせずにきてしまった。しかもそのことによって、永い間、自分自身を発見すべき環境への、簡単な配慮が妨げられてきた。

人間を社会化された動物であると考えることで、科学的には多くの成果があがった。しかし、人間の内面で起こることに対して、正しい評価を与えようとしない状態がいつまでも続くと、遂には精神の死がもたらされることになる。

人間は、内なるところで生まれてくるものに対して、周囲から離れて孤独のときをもたなければ、やがて精神的に枯渇してしまうことを、私は、重ねて強調したい。

人間を、たえず外側の世界に応じさせ、多大なエネルギーをむりに消費させるような、絶え間ない刺激の流れに溺れさせることはできる。だが、そのとき、外側の世界の刺激によって開花すべき内なるいのちや創造的想像は阻害され萎縮してしまう。

十七世紀のクエーカー教徒、ジェイムズ・ネイラー*は、次の有名な言葉ではじまる精神遍歴を、感動的に語っている。

「誰からも見棄てられ、ただひとりあるときに見出したたましいを、私は、今もなお感じる……」と。

過去のすべての聖者、神を愛するもの、創造的な精神といったものは、ひとりでいるときにだけ見出せる何かがあることを証明するだろう。

こうした感じ方は、単に信仰心から発する特殊な考え方ではない。創造が、どういった条件のもとでおこなわれるかも含めた、神経組織の内面的な働きについての最新の報告によると、最もきびしい不可知論者でさえ、孤独な冥想が、人間の精神を発達させるのに重要であるという結論に到達する。

私たちが周囲の世界を認識するということは、網膜という白いスクリーンに映像がうつることにほかならず、眼を閉じれば、不可解な色彩をおびたふしぎなフラッシュがしばしば見えることとは別として、スクリーンには何もうつっていないと考えてよいだろう。

しかし、私たちは、「光のゴミ」と呼ばれる光を感じられるものを、たえず経験している。そしてそれは、「私たちの眼の前」に色や形のはっきりしないものを次つぎに見せる。

そのプロセスは、眼を開いていようと、閉じていようと、眠っていようと、目覚めていようと、網膜のなかに、そして脳のなかにあらわれているのだ。

全く同じことは、聴覚でも経験されるし、ほかにも、明確には分析されていないが、そうした感覚的刺激は常に起きている。これはまったく正常な体の内部でおこることだ。

この内なる影像や音響の強さ、変化の振幅は、人によっておおいに異なっているが、基本的には、呼吸などと同じく、どの人にもおこる。通常は、内なる影像や音響は、外界からの刺激に対してあらわれる。そして私たちは、導かれた結果だけを認識する。

私たち一人ひとりにとって、この世界は必ずしも同じようには見えていない。そのわけは、その人の世界は、その人に固有の生理学的な光の模様を通して感得されているからだ。

このことを、どう理解すればよいのか。古今の聖人たちの見た幻影をすべて「光のゴミ」と論ずることもできる。——多分、そうなると主は、アダムをこの「光のゴミ」からおつくりになったのではないだろうか。

また正反対に、こうした内なる経験は、ただひとつの真実、神の与えたもうたものであるといって、外側の世界に、いっさいの眼と耳を閉じてしまうことも可能なのである。

この地上の塵と、神の影像という二元性、それはとりもなおさず人間の創りだしたもの自体が、人間をとりかこもうとしているということだ。

ここで、マギル大学*でおこなわれた『感覚器の喪失』という実験に参加した人の体験を記すのもおもしろいだろう。被験者は、外界からの音と光をまったく遮断され、やわらかい敷物をしいた暗い部屋のなかに閉じこめられたが、二日、あるいは長くて三日以上は堪えられなかったという。

この実験のように、外界からの刺激があたえられない状態によってバランスをとることができなくなるため、絶えまない幻覚、といった症状が激しくなり、その幻覚はどんどん制御がきかなくなり、ついには人間を早急に精神病にしてしまうらしい。

しかし、私たちの保護のもとにある子どもたちが直面しているのは、この絶えまのない幻覚の危険ではない。むしろ、子どもたちが外界の刺激を逃れる時間をじゅうぶんにもっていないことなのである。

子どもたちは、覚えなければならぬこと、理解しなければならぬことが多すぎるために、おかれた環境それぞれにたいして型にはまった、きまりきった反応を学びとることを余儀なくされている。

深く考えたうえで反応するというようなことはまったくなく、ばかばかしく型にはまった思春期の言葉や、また、しばしば装われる冷淡の仮面などを身につけるのがよい例であろう。

それは、あまりにも強制的に、たえず圧迫を加えているこの世界に対する護身術とみなされる。たしかに、ティーンエイジャーにとって、この世の中は、足がかりのまったくない巨大な壁に等しい。

もうすこし年少の子どものばあいには、護身術をつくりだすほどには圧迫されていないものの、すこしずつこの世の中にさらされてゆくにつれ、学ぶことが多すぎるために、窮地に陥ってしまう。

その姿を私たちは手をこまねいたまま、見ていなければならない。そのために私たちもまた悩むことになってしまう。

用心しなければならない。いずれおとなになれば直面する集団生活のための準備をさせなければならないということはあるにせよ、この幼い子どもたちに、意味のある行動と、それをおこなう機会をあたえ、創造的に生きることを教えよう。

創造性

子どもたちに対する私たちの注文は、大変矛盾している。

私たちは、子どもが、この型にはまった社会の掟に、できるだけなめらかに適合することを切望しながら、一方においては、創造的であれかしと望んでいる。

今日、私たちが後者である創造性を非常に重視しているわけは、創造性こそ、人間をそのとらわれている枠から自由にし、もってうまれた個人の能力を開発させる根源と考えているからである。

二十世紀社会を爆発的な発展に導いたルネッサンスならびに啓蒙思想は、創造性の開発にすさまじいほどの努力を傾注した。現在、この世界が直面している核兵器の深いジレンマから逃れでる唯一の道を見出すには、独創性豊かな発想を鍛えることしかないということは簡単に理解できる。

では、創造は、どんな条件のもとでおこなわれるのか。創造力を駆使した問題解決方法や革新的理論に関する研究は、年を追って進められていて、その結果、次のようなことがわかってきた。

まず、創造性とは、人間の心がもっている基本的な特性であって、創造的な思想家や芸術家と同じように、普通の人びとももっている。蟻と違って、私たちは本能だけで行動することはできない。

次に、創造性に不可欠なものは、いろいろの要素を、再結合できるという点である。ものとものとを結びつけるのに、以前とはすこしでも異なった方法で結びつけようとすることである。

これは三歳児が絵を描くことにおいても、アインシュタインが相対性理論を考えだしたことにおいても、創造性のもつ特性である再結合という点では、まったく同じなのである。

ばらばらの知識と経験は、創造という過程で再結合され、まったく新しく合成されるのだ。

さて、三番目には、——ここで私は膨大なデータを極端に単純化するのだが——どうしても「時間」をもってこなければならない。創造的な行動をするためには、なにものからも邪魔されない「時間」が、たっぷりなければならない。

創造的な芸術家や苦行をする聖人たちが、孤独になろうとすることは、ちょっとした酔狂として特に問題にされないが、心や精神の発達のうえで、孤独が欠くべからざる条件であるということに私たちは気づかないでいた。

人間の脳のなかにある偉大な機械が、外界からの刺激をうけて、はたらくことができるのは、私たちに——意識するとしないとにかかわらず——じゅうぶんな「時間」があたえられているときなのである。

外界のあらゆる影響を分類し、再編成し、あたらしい模様をつくる……これが、創造するということなのだ。

創造的行動は、どこからもかき乱されずに精神を集中できるときにのみ、可能であるということではない。むしろ、精神が集中したときに、かわって、静かな、ながい時間がやってくる。

そのとき意識は、ほかのものに向いているのだが、無意識のうちに、さきに述べた分類、再編成がせっせと行われている。

だからこうした作業を行うためのじゅうぶんな時間を意識してもたなければ、無意識のはたらきはほとんどされなくなってしまうだろう。

この意識的創造のときをかき乱すものは、「ああ、わざわいなるかな！」である。

楽聖ブラームス*は、ある日、彼のインスピレーションの秘密をさぐろうとして、書斎の窓に梯子をかけてのぼってきた男を、ほとんど殺しそうになったほどだと記している。

彼の孤独のなかへ、ひとりの男が侵入してきたことに対するブラームスの怒りと失望は大きかった。

それは、彼の心の中の複雑な一連の過程をすっかりだめにしてしまったために、彼はその曲を仕上げることができなくなってしまったのである。

彼はさらにつづけて、「こんなふうに中断されると、ふたたび元にもどることはもちろん、作品を組立てることもできなくなってしまう。なぜなら、この複雑な、音のしない音調の万華鏡は、ひとたびうちくだかれれば、ふたたびとらえることができないものだからだ」と書いている。

自我のめざめ

「孤独」。なんと美しい言葉ではないか。

もし私たちが、子どもからその孤独をむりやりにとりあげるならば、子どもは、外面的な体験はもちろん、内面にある宝を役立たせることもできなくなってしまう。

私たちは、この孤独をどんなふうにとりあつかってきたというのだろう。

H・G・ウェルズ*は、六十六歳で書いた『自伝の試み*』という本の冒頭に、絶望的な叫びを書いている。

「私は、心の自由を欲する。私は、仕事のための平和がほしい。私は当面のことで悩まされている。さまざまな要求やいらだちによって、私自身の思考と仕事は邪魔されてしまう。そして、そういうものから逃がれる希望ももてない。私が病気や死に突然、襲われでもしない限り、静かさとか、慈悲ぶかい行いをするとかいう時間をもてる希望は、まるでなくなってしまった」。

彼は、子どものときから、「素晴らしい場所」をつくって、そのなかで働くことを夢みていたのだ。しかし、また、彼は臨終のときに、悲しげに、こう語っている。

「そんな場所は、おそらくどこにもないのだ。私たちは、心の中で思い描いていたような仕事などできるはずがないのだ。私たちがもちたいと思うひそかな輝きは実現しない」と。

もっともウェルズ自身は、内側の世界にも、外側の世界にもよく注意をはらっていたから、彼のいわゆる「素晴らしい場所」に永久に住むことはなかったとはいえ、『世界文化史大系』*という、きわめてすぐれた近代史をまとめているときには、しばしば、自分のなかの「素晴らしい場所」に入っていくことができたといっている。

それでは、一人ひとりの子どもの心のなかには、どんな意思がひそかに輝いているのか。

多くの場合、私たちはそれをうかがい知ることはほとんどできない。

ただ、ときに詩人や文学者が、自らの子ども時代の内奥の世界をのぞかせてくれる。

また、成人してから、この世で非常にすぐれた仕事をなしとげた人びとに関しては、両親や友人たちが、その幼年時代の観察記録といったものを残してくれている。

ウォルター・デ・ラ・メア*が、『ある朝まだきに』と題した本のなかに、子どもたちのそうした記録を集めているので、子どもに接している親とか教師とか保育者は、この本を読まれることをおすすめする。

ここにえがかれている子どもたちは、そのたぐいまれな才能を独特なやり方で活かしているのだが、こうした天賦の才能は、程度の差こそあれ、どの子どものなかにもあるのだということを彼は強調している。

また、この子どもたちはみな特別に孤独を与えられていた。そしてその才能が啓発される機会がじゅうぶんに与えられており、社会に順応することを朝から晩までくりかえし強要されないですむ状態であったこと、などが述べられている。

ウォルター・デ・ラ・メアが、子どもを記述するうえで、たびたび用いている言葉は、子どもは「みつめるもの」であるということだ。この幼い者たちは、人生という主流のそとにある岸辺にたって主流を眺め、考えているものだという。

さらに「沈黙のなかで体験を記録するもの」であるとも言っている。また、子ども時代、アイザック・ニュートン*は、ひどく泣虫で、むっつりとし、遊びたがりもせず黙って考えているような少年で、「部屋の中で、いつもハンマーで叩いたり打ったりして、いろいろな形の、力学的な機械を作っていた」。

このことが、かの有名な当時の最先端の知識であった万有引力の発見へと彼を導いたのであった。

また、文字には目もくれなかったジャンヌ・ダルク*は、畠ではたらいているときに、神の声が聞こえるようになった。

やがて孤独のなかで、その声は彼女に力を与え、時代の因襲を打ち破らせ、心に抱いていた現実とはかけはなれた人生に彼女を導いたのであった。それは、最も勇敢な農夫さえも思い及ばない政治的な行動にまで発展してしまうのだが。

英国社会学の父ともいわれているハーバート・スペンサー*は、少年の頃、父から暖炉のそばでじっと座っているようにと注意を受けた。

突然、彼はくすくすと笑いだした。

「ハーバート、お前は何を笑っているのかね?」と父は言った。

「ぼくは、自分のそばに誰もいなかったらどうなるのだろうって考えていたのさ」と彼は答える。

　彼は成長したのち、おもしろくない会話にあきたときに役立つようにと、綿でできた耳栓を、いつもコートのポケットに持っていたという。

　軍人でありながら詩人であり哲学者であったチェルベリーのハーバート卿*は、幼いときうまく話すことができないという理由のために、愚かものだと両親からきめつけられていた。もっとも彼に言わせれば、話さなければならぬほど重要なことはほとんどない、と考えて、話すことを積極的にさし控えていたということである。

　この無口な幼い哲学者が、ある日、「ぼくは、どういうふうにしてこの世界にやってきたのだろう」とちいさな声で話したときの、家庭教師の驚きは想像にあまりあるものがある。

　心理学者のビクター・ゲルツェル*と妻のミルドレッドはクエーカー教

徒であるが、二人して『卓越したものの揺籃時代』という本を書いている。

これは二十世紀における著名な人びとの子ども時代について書いた論文なのだが、「時間」の束縛から解き放たれた幼年時代という時期が、これらの人びとの創造力を円熟させるのに、いかに重要であったかを指摘している。

「時間」の束縛から解き放たれるということは、病気になることによってもたらされるかもしれないし、家庭の危機、または、隔離された場所に移動することでもたらされるかもしれない。

ともかくどんな場合にせよ、きまりきった毎日の生活が壊されることで、子どもはかなり長い時間、放っておかれることになってしまう。しかしそのことこそ、後年、自己の内面の発達にとって、特別に大切な時期として想い起こされているという。

ゲルツェル夫妻は、アインシュタイン*について次のように書いている。

十五歳になったとき、アインシュタインは、学校に在学していることが苦痛になり、遂に校医から「アインシュタインは神経衰弱につき、少くとも六ヵ月間、イタリー地方において両親とともに静養することを要す」という診断書を書かれてしまい、アペニン山中を渉猟し、あちらこちらの教会を訪れたりした。

この時期に、光線が閉じこめられた場合に何がおこるかというアイディアがひらめきはじめたという。アインシュタイン自身が六十七歳で次のように書いている。

「刺激から隔離されたこの繊細なちいさな植物——すなわち、疑問という聖なる好奇心——は、たいがい自由を求めるところに生えている。

もし自由が与えられなければ、それは間違いなく枯れて死んでしまう」。

さて、子どもが幼く、孤独の時を意識的に活かすことができないころに、自我の目覚めという人生の大切な時がやってくる。

人間が成長してからの知的な、あるいは精神的な開発はすべて、自我が目覚めるときに、自分をいかに認識するかということにかかっているという。

「私はごく幼い日の、ある午後、家の玄関のところに立っていた。そのとき、突然に、私は私であるという内なる意識が、天からの光のフラッシュのようにやってきた。それいらい私のなかに、今でもその意識はとどまっている」。

これは、ジャン・ポール・リヒター*の体験である。

このような体験は、幼児期のごく初期には起こらないかもしれない。あるいは、思春期になるまでやってこないかもしれない。

しかし、深く内省してみると、こうしたことを体得した特別の瞬間を思いだすことができる人は少なくないはずだ。

それがたとえ瞬間的であっても、その記憶はいつまでも消えない。ジェラルド・バレッド*氏は、このいつまでも消えることのないいきいきとした自らの体験を次のように述べている。

「私は、太陽に照らされた田舎の小径にひとりで立っている四歳の子どもを思い浮かべる。夏の空は高くその子どもの頭上に弧を描いていた。その瞬間は、すこしも劇的でもなかったし深刻なものでもなかった。また、言葉にしたいという気持ちさえなかった。だが、私には、そこにこそ意味があった。しかし、いま、もし私の眼を閉じ、幼いあの私自身をしっかり抱きしめようとすると、もはやその子どもの姿は消えてしまう。私が、その子どもにたちかえってしまうのだ。白い道は足もとにかたく、輝いて見える。私は、陽光を、手や、頬に感じる。私のむこう脛にはあたたかい空気が……。孤独感をのぞけば、この私自身という感じは、純粋に動物的で感覚的な体験である。こうした体験は、非常に短い時間、すなわち、一秒の何分の一かの瞬間におこるものなのだと思われる」。

このような瞬間が、なぜそんなに大切なのであろうか。またそのなかでも、孤独であることがなぜそれほど重要なのであろうか。

私もまた、はっきりとした解答をもっているわけではない。ただ、外側の世界を、心の内側に引き入れるという意識の統合が、幼い心のなかで最初に体験されたからではないかと思う。

意識の統合ということについて考えてみよう。それは見えるとか、聞こえるとかいうごくあたりまえの単純な感覚から遠く隔たったもので、天界へのひろがりをもつものである。

すでにそこにある何か、あるいはよそから入ってくる何かを、私たちの内にある機械が、ふるいにかけ、分類し、統合することで、突然にひらめきが与えられる。

これこそが精神の発育の第一歩なのではないだろうか。なぜなら、そのとき、創造者と、被創造者を認識できたからだ。

自分の気持ちを抑えること、心の中に正しい規律をもつこと、宇宙における己の本当の位置を魂で理解することなどは、ずっとあとになってやってくる。

孤独がなぜ大事であるかというと、それが外界を統合するために、外界からはなれるという体験であるからだ。

心がたえず外界からの刺激でかき乱されているときには、そうした体験は得られるものではない。

この、自分が自分であるという感覚は、すこしずつ経験されるものであって、前述のように、必ずしも突然、生ずるものではないが、ともかく、自分が霊的な実在を自覚しているという感覚にまで、次第にひろがっていく。

この霊的な実在の知覚は、どの子どものなかにも、きわめて幼い頃からあるのだが、その子どもに与えられた環境や教育によって、いろいろな異なったかたちをとるのだと私は思う。

ある子どもの場合、他の子どもにくらべて感じとったものをはっきりと言葉に出して言う。

霊的実在に対する自覚は、見えないものを本当のもの、そして実在するものとして体験することにあるのだから、ひとりでいる時間を与えられている子どもにこそ、もっとも美しく花開くように思われる。

スウェーデンのゲーテ・クリングベルク氏は九歳から十四歳までの子どもの宗教的体験を研究して、次のような報告をしている。

この子どもたちが、神の体験は、教会のなかなどではなく、家のなかにひとりでいるときとか、森や野原にひとりでいるときに、与えられたという記録はもっとも意味ぶかい。

だから、ある子どもが、宗教的体験と同時に孤独に対する畏れに接したということをきいても驚くにはあたらない。

ある少年は、十月のある夕方、眠っている幼い弟を見ているように言いつけられ家のなかにひとりぼっちになったときのことを書いている。弟のベッドの傍で彼は、なんとかして勇気をもちたいと思い、神について考えようとしていた。すると突然、神がそこに、彼の傍に、彼のなかにいたまうのを感じた。

また、十二歳になる少女は、夕方おそくなって、友人の家から帰るときのながいみちのりをえがいている。夕闇が迫ってきていて、小径はうす暗い森のなかを通っていた。

「私は、私の傍を、神がお歩きになっているのを想像して言った。——

神さま、ずっと私をおまもりください――また、神が『ごらん、私はお前と一緒だよ』とお答えになられたのを想像した。すると、それからずっと家に帰るまで、静かな心でいることができた」。

理解ある両親によって、注意ぶかい教育をうけた子どもにとっては、孤独でいるときに感じる恐怖というものが、かえって霊の実在を自覚する助けになることがある。

ヘレン・トマス・フレックスナー*女史は、『幼いクエーカー』の中で、ひろい家のなかの暗闇や、誰もいない部屋や物置で待ち伏せている悪魔を怖がった子どもの頃を、次のように書いている。

「夜になると、悪魔は次第に勢力をましてくる。そして家中が化物屋敷になってしまう。誰もいない部屋、たとえ母さんの部屋であっても、そこには化物がいっぱいいいた。夜になって、用事で二階まで行かなければならないとき、私は母さんに、私を呼んでいてちょうだい、とたのまなくてはいられなかった。そして、――ママはここよ、ママはここよ、という声が魔法のように私の耳にひびいているあいだは、たとえその声がかすかでも、長い階段の遠くの方からのものでも私は怖くなかった」。

この恐ろしい暗闇のなかにひびく安心感を与えてくれる声にたよることは、この子どもにとって、ほんとうに大切な一歩なのだ。それは、ちょうど、苦悩する青年が、その成熟の過程で、精神的暗闇にひびく静かな内なる声を信じ、頼りにするのと同じであろう。

出遭い

しかし、ひと口に孤独といってもいろいろの種類のものがあって、なかにはあまり願わしくないものもないではない。

孤独を感じてそれに耽けることは、必ずしも神の実在を体験することにならない。

いままで述べられてきている子どもたちは、えらばれた家庭や教会の集まりのなかで、愛にあふれた注意ぶかい養育をうけているために、いつでも必要なときに引き出せる体験のかずかずを与えられている。

子どもの宗教生活について探究すればするほど、子どもの心にはたらきかける材料というものがいかに大切であるかという印象を、私は強くうけた。

子どもたちの両親や先生、それに牧師などの役割はどんなに大切なものであることか。それは、子どもたちの読む本についても言える。

……子どもが話すことを聞いていると、聖書に親しんでいる子どもには、聖書に書かれてあることが、そっくり映しだされていることに、すぐ気がつく。

不幸にも、アメリカにおける現代の親とよばれる年代は、子どもの心を、聖書や宗教的体験を表現する言葉に馴れ親しませることを拒否する態度をとっている。

というのは、すこし以前の子どものなかに、紋切型の、意味のない言葉を口にしたり、うそを言ったりするものがいたからだ。そしてその子どもたちを教育したのが、ひと時代まえの宗教教育だったと考えられているからなのだろう。

私たちが子どものころ、聖書一冊だけを与えられ、ひとりぼっちにしておかれたために、神に対する尊崇の念ではなく恐怖をよびおこすといったことが、まま、あったのである。

子どもを、いつもひとりにしておくことは決してよくないのだが、ましてや、その子どもに聖書だけを与えておいてみるがいい。それこそ心配の種をふやすことになってしまう。

たしかに多くの子どもたちが、悲しむべき盲信、あるいはきびしい戒律のもとで、大きな重荷を負わされて苦しんだことは事実である。

十九世紀のはじめごろ、ジェーン・ピアソン*の日記に書かれた幼いクエーカーの少女をえがいた、次のような文章に、私は同情の念を禁じえない。

「幼い頃、主をよろこばせようと、主の御心にそうよう心から努力した。そのせいで、終始不安にかられたが、一方では、子どもらしいちょっとしたあやまちの結果、死んでしまうのではないかという恐怖も味わった。ああ、お説教の合図のベルが鳴るときの恐ろしさといったら！　それは、今にもこの世の舞台が中断され、こうあらねばならないという姿に永遠に固定されてしまうのではないかと思えるほどの恐怖であった……」。

つづけて、子どものウィリアム・デューズベリー*を慰めることにしよう。彼は陽気に、神に対して恐怖の念などもたずに楽しく暮らしていたが、八歳のとき突然、主の声をきく。

「私は私の栄光のためにお前を創りだしたのだ。お前のからだの中にあるすべての言葉や行いの理由を、私に説明せよ」と。

そこでウィリアムは、十三歳のころまで羊を飼いながら、神との出遭いのときをさがしもとめることになる。というよりは、彼は青年前期を、孤独な苦悶のなかですごしたのであった。

しかしどれもこれもがこのような話というわけではない。クラークソン*は、『クエーカー主義の肖像』という著作のなかで、家庭生活のなかで味わうことのできる幸福こそ、喜びの根源であり、人生のやすらぎであると書いているが、こうした初期のクエーカーたちの緊密な、あたたかいまじわりによって、子どもたちはおぼろげながら、「最後の審判」

の真実の意味を知るのと同じように、生きること、愛すること、楽しむことを知ったのである。

子どもたちが成長して、いくらか落ち着いた年齢に達すると、彼らは、長い時間、孤独を味わうようになる。

そのとき、自身の孤独感を内面と外面とがせめぎ合っているという感じとして理解した。革命や闘争の海にうかぶ「天国という植民地」で暮らしながら、青年たちは、神が人間に何を要求したまうかを自分の目で見て、その考えを育む。

その青年たちは、外へ目を向ければ向けるほど、外の世界に反応する。このことは、彼らのうちにある葛藤を、さらに深くするだろうが、もしその解答が得られるときそれは目のさめるような、素晴らしい解答になるだろう。

こうして得られた解答は、聖書の決まり文句には見つからず、ましてや、外界からの助言をうけてそのまま出てきたものでもあるまい。とはいえ、この助言にしても特に不適切というわけではない。聖書のなかの言葉や忠告といったものにせよ、こうした場合、心のなかに播かれているたくさんの種子の一部分にすぎず、子どもたちが、それぞれに、そのなかから自分の好きな果実を選びだしてきたのだと考えられる。

十八世紀のクエーカー、ルース・フォローズ*は、幼いときにうけた教訓や、譬話によるすばらしい躾のほかに、思春期に、母を失うことによって生じたさまざまな葛藤を、次のように書いている。

「私は、母の忠告から離れてしまった。母の証を脚で踏み砕いてしまった。虚飾のなかにとびこみ、自分が完全に身を滅ぼしたことを物語る仲間たちとつき合った。――しかし主よ、さいわいなことに、あなたは、私をきびしく叱りながら、いつも私についてきてくださいました。そして私の人生のさなかで、私をとどめ、私の車から車輪をとりあげてくださいました。あなたにつながるこのまことなる種子を、だめにしてしまうことをさけられたばかりでなく、今もなお、その種子を、私の心にとどめるようにして下さったのです――」。

英国の初期のクエーカーであったベンジャミン・バングズ*は、生まれつき遊び好きであったが、未亡人になってしまった彼の賢い母が植えつけておいてくれた、宗教的なおしえの種子によって、まじめな意志のはたらきを感得したと、次のようにしたためている。

「私が、十一歳か十二歳の頃であった。私には、徒競走とか、レスリング、フットボールなどをすることが、何よりのなぐさめになっていた。そのころ、私の住んでいたあたりでは、私はもちろんのこと、仲間たちもそういったスポーツが大好きで、みんなでよく練習もした。ある日、私は、家からほど近いところでひとりになっているとき、『ある出遭いの体験』をした。今まではまったく気づかずに過ごしてしまっていたのだが、その体験では、私の心のなかに静けさがひろがり、このままこうした心の状態を保ちつづけていけば、私がどんなにすばらしいものに成長して行けるかという考えすら浮かんできた。この体験は、私が興味をいだき、長い間、心にとどめておくのにじゅうぶんなものだった」。

ジョン・ウールマン*は、自分が七歳のとき、精神的事実と肉体的事実を統合する、生涯にわたる能力を、はじめて意識したことを日記にこう記している。

「ある土曜日、学校からの帰りみちだった。たしか、友人たちが道草をして遊んでいる間に私はひとりはなれて、皆から見えないところに行き、黙示録二十二章を読んでいた。——御使いはまた、水晶のように輝いているいのちの水の川を私に見せてくれた。この川は、神と、子羊との御座から出て……。——それを読みすすむうちに、私の心は、神が、その少年（私）のために用意しておいて下さった本当のすまいを探しもとめたくなった。私の座っていたこの場所と、心のなかに出現したこの甘美な想いは、私の記憶になお、なまなましく残っている」。

また、真理を述べ伝えた*初期のクエーカー教徒から、児童期に影響をうけたサラ・スティーブンソン*は、次のように語っている。

「父が富裕な商人であったために、クエーカーの婦人たちに出逢うまで、私には生まれつき虚飾に満ちた性質が助長されていたが、また一方では、幼いときから主の愛にひたりたいという思いもあった。私の心はこのふたつの間をはげしく往来していた。あるときは、主とともにあることを探しもとめたこともあるくらいだった。ところが、信仰のあついクエーカーのエリザベス・アシュブリッジのほんのささいな言葉『頭にリボンをつけるなんて、*なんて可哀想な子！』は、私に、言葉にならない愛の言葉をおしえてくれたのであった」。

そして遂に彼女は、終生リボンをつけずに主の道をあるきつづけたのである。

過去何世紀にもわたるクエーカーの記録簿から選び出されたこの子どもたちの、何百という回想で大事なものは何だろうか。

この回想によれば、子どものたましいは、この世でもっとも肥沃な土壌であり、そのうえ、そこに気づかずに播かれた種子さえも、予期せぬ花を咲かせるのだということである。

ルース・フォローズ、ベンジャミン・バングス、ジョン・ウールマンは、いずれも、深い、精神的な母親のおしえをうけていたし、さらに、若いたましいを養うのに、聖書という宝庫をもっていたのだ。だから、彼らの霊的な世界の体験は、幼時にすでに彼らの内がわにふかく用意されていたものを刺激するのに役立っただけであったとも言える。

サラ・スティーブンソンは、とび散ったパン屑のようなちいさな霊的な教えをうけただけで、そこからさらに深い意味を心にきずきあげることができたのであった。

このような日記を読むにしたがって、同じような、信じられぬほどの豊かさと変化にとんだ人間の体験——それはちょうど、聖書にもえがかれているあの創造者との出逢いという体験——をそこここに見いだすことができる。

「主は、わが車の輪をとりあげ給う」というのは、若者が、神との出逢いによって得た複雑な体験をえがいたものだが、これ以上、正鵠を得た言葉があるだろうか。

聖書の知識は、子どものたましいを束縛するものではない。束縛は、むしろ理解のたりない大人たちが、聖書を、いのちのない言葉に翻訳することにあるのだ。

初期のクエーカーは、信仰をおしえるために、ごく簡単なきまりきったやり方をしていた。すなわち、家庭とか、礼拝集会で、神からの使命をうけた人の生きかたをお手本として用意し、また、その集まりのときには、お説教などではなく、宗教的な体験をもつ機会をじゅうぶんに用意した。

たとえば、聖書を読むための時間や、孤独のなかで自分自身を反省する時間も用意していた。

しかし今日、私たちはこれらの宗教的な学びの過程を、さらに豊かにするようなものを用意する方がいいように考えている。知識を組立てさせたり、審美的な体験を得させたり、社会全体に対する関心をもたせたり、というようなことである。

そのくせ、往々にして私たちは孤独の大切さを見落としてしまいがちである。

人は孤独になるという体験がないと、たとえ私たちのたましいを養うにたりるさまざまなご馳走が与えられても、それを血肉にすることができないものなのである。

子どもの本当のよろこび

もし、アイデンティティーの危機が二十世紀の危機であるならば、私たちは、今世紀の子どもの教育のありかたを再検討しなければならないだろう。

もっとも私たち自身もまた、この宇宙のかたすみに立っているだけであって、私たちが、何であるかを知らない。

さいわいに我を見出したとしても、時間と空間を制御する技術をつかって新しい精神の領域に入っていけるのか。だがその姿はつぎになすべきことを見出だそうとして、巨大なコンピューターにおずおずとデータをいれているよく訓練された事務員のように、萎縮してしまっているかもしれない。

想像をはるかにこえた未来の生き方を探索する新しい研究領域を開発するために、いま、私たちのうち誰が小休止をしようとしているだろうか。誰が、（未来の）夢をみているだろうか。

誰が未来のビジョンを描こうとしているだろうか。どこに孤独なものたちがいるだろうか。

そうだ、そういう者たちはどこにでもいる。ただ、非常に数が少ない。私たちが彼らを生きにくくしている。

では、氷山の頂きだけが、そういう者たちの棲み家なのだろうか。いな、いな、「ひとりになること」なのだ。

「ひとりになること」こそ、よろこびにあふれ、いのちと熱情でうちふるえることのできるものなのである。

それは一切を失い隔離されるという意味ではなく、「孤独」な時間をもつときに、人間同士のまじわりよりもずっと深く、私たちは創造者と結びあうことができるということだ。

宇宙における安住のよろこびを感じるもののみが、孤独の、最奥のよろこびを知るのである。

注意深くひとりにしておかれる子どもは、こうした幸福な多くの経験をもつ。

キングバーグ博士のグループにいた十歳になる少年は、次のように書いている。

「いつかぼくは、ぼくの家に近い丘の上にいた。そこで花を眺めていた。――なんて美しいんだろう。神様がまさしくこれを咲かせたんだ――と考えた。とそのとき、ぼくはとても幸せを感じた」。

私たちはときに、子どもの「孤独」のなかにあるよろこびを、不注意にも奪ってしまったことがありはしないだろうか。私の長男は週に一度、ギターのレッスンをうけるので、その日はいつも家におそく帰ってきた。数年後に、私は、彼が家路の途中で、森に囲まれた野原にすわり、その野に住む、見えない住人といったものと遊んでいたことを知った。

おもいかえしてみると、この寄りみちをしてきた彼の顔には、あるやすらぎの表情があったことを私は理解したのである。

私がこうしたことについて書こうとしていることを、十一歳になる彼の弟に説明したところ、次のような数行のことばを書いて、私にもってきてくれた。

「ぼくたちが、ちいさな森のなかで遊んでいるときのことだった。ほかの友だちが遊びに駆けていっているあいだ、ぼくはねそべっていた。ぼくは、ほお杖をついて腹ばいになっていた。そのとき、風がそっと木々のあいだを通りぬけてゆくのを見た。ああ、自然の静かさは、なんと美しいものだろう。風がそよぎ、鳥がうたい、木々の葉がささやいていても、なお、そのもの音の柔らかく、静かなことといったら……。丈の高い草のなかの小径は、くっきりと白く、木々の葉の、いやまさる緑に、空はあおく、それをよぎる白い雲が走っていた。そのとき、あたかも、ぼくが、母なる自然の宮殿のなかで、主と共にあるように感じた」。

私たちはだれしも、心のなかに子どものころ味わった孤独のよろこびを、大切にしまってあるのではないだろうか。

私自身、ふりかえってみると、静かな、山の湖にうかんだボートのなかに、まひるま、ずっとひとりでいた幼い少女を、見出すことができる。あつかいかねるほどではない大きさのオールだった。少女は、陽光のあたたかさと、ボートをやさしく叩いている水の冷たい青さと、樅の木でおおわれた周囲の山々のおおきさを感じながら、ひとりで座っていた。

そのあたたかさと、おおきさと静かさで、満たされていたのである。

これこそ家であった。安心できる場所であった。悦びであった。

これらが、子どもに与えられる孤独の果実ではないだろうか。子どもが、自分を誰であるのか、何であるのか、どこからきたのかを全身で感じとる感覚、神の国にいるという感覚なのである。この確かな、宇宙とのまじわりから、創造者と遊ぶという自由——最もよい意味における遊ぶという自由がやってくる。

そのとき子どもは、自分が見たり聞いたりしたことを、デリケートに調整された心のなかで、あちこちころがしながら、内がわにすでに貯えられている知識を織り混ぜて、より遥かな創造をうみだしてゆく。うみだされたものは、数学的公式である必要はなく、複雑な社会の識見である必要もなく、さらに、交響楽でも、絵画でも、詩でもある必要がない。

とぎすまされた感受性でおくる美しくととのえられた生活、神の愛のためになされる日常の仕事、といったものが、私たちの誰もが創りうる最高の、完成した形をあらわしている。

だがそれは、私たちにはなかなか得難いものなのかもしれない。

けれど私たちだって、いつまでもロレンス修道士*の足もとにすわっていてはならない。

無学な、身分のいやしい皿洗いであるロレンス修道士の、「神に捧げよ、ということは、私たちの仕事をかえることではなく、今までは私のためにしていたことを、神のためにすることだ」という卓見が示しているのは、この世界について知っていることのすべてを心の中で統合することは、ニュートンが万有引力を考えだしたのとおなじように、創造的な仕事だということだ。

孤独の顔

この創造をうみだす孤独を、子どもたちに役立たせるために、私たち大人はどうすればいいのだろう。

孤独がもっている意味を、まず私たち自身のなかに発見すべきではないだろうか。

孤独は、いくつもの顔をもっている。反省、創造、祈り、冥想、全一者との神秘的な出遭い、といった顔である。

「あなたのなかにあるホームに、よろこんで踏み入りなさい」

とウィリアム・ペンは言った。

しかし孤独は、現代の忙しい父や母、近代社会をつくりあげた悩みおおき者たちにとっては、禁断の木の実なのだろうか。孤独は、むしろ命の糧であるというのに。

私たち大人が孤独をさがし求めていれば、子どもにあらためて説明する必要はない。思い出の記が証言しているように、子どもは、大人が、孤独のなかに入ってゆくことを、本能的に理解している。

ヘレン・トマス・フレックスナー*女史はつとにのべている。クエーカーとして子ども時代をおくった彼女は、祖父がいつも朝な夕なに、一時間ずつ神の言葉に聞きいるのだ、と聞かされていた。

「私は、ある日、アームチェアーによりかかってじっと座っている祖父のところに、突然、はいっていった。祖父は目を閉じてはいたが、眠っているのではないことを、私は知っていた。祖父は神さまと話をしていたのだ。私は、ちょっと立ちどまって、じっと静かにそこに立っていた。もし私が一心不乱に耳を澄ましてきいたら、神が、祖父と話している声が、おそらくきこえたかもしれない。だがその部屋は静かで、どんなに幽かな囁きも、私にはきこえてこなかった。しばらくして祖父は眼をひらき私を見て、やさしく微笑んだ。私は、祖父とともに、はりつめた心で神の声に聞きいったこの数分間を、私の子ども時代の、最もいきいきとした記憶のなかにたどることができる」。

生活のなかに、静かさが培われている家庭では、子どもはたやすくその静かさのなかに入ってゆくことができるし、またそれが楽しいことであることを見出すだろう。

私の家の場合を例にとってみよう。

多人数でたいへん喧しい家庭だが、そういった静かな時は、食事を始める前にもたれる。それまで渦巻いていた喧噪をしずめる風がふきさると、家のなかは清潔で好ましいものになってくる。

特別な家庭礼拝の時間とは別なのだが、日常生活のなかでは、なかなかもち得ない静かな時間がこのとき与えられるのだ。

この時間は、非常に得がたいという稀少価値があるゆえに、終生忘れえぬものになるだろう。

そういう時を体験することが、私たちをより高い愛と知覚の次元に引き上げてくれるのだと思う。そして自分のなかで、また家族のなかで、自分自身が何であるかを再発見し、人前ではたやすく見せることのできないものも、神の前には見せることができるようになる。

ちょっと言葉として書くのはおかしいのだが、孤独は、わかちあえるものなのである。

内なる孤独を特に貴重なものと考えている家庭にあっては、一人ひとりはたやすく孤独のなかに入っていける。

だが孤独でいられる時間を物理的につくりだすために一生懸命に工夫しなければならない家庭もある。

けれど、沈黙を大切にしていれば、静かな場所は見出せるはずだ。

沈黙ではじまるクエーカーの礼拝会では、集団でひとつのものに耳を傾けるという体験を子どもたちに与えることができる。その体験が孤独への独特な門扉をひらいてくれるのだ。
ルーファス・ジョーンズ*は、彼のクエーカーとしての少年時代の素晴らしい記録『わが生活の足跡を見出して』のなかに次のように記している。

「クエーカーの沈黙を、子どもたちに説明するにはおよばない。彼らはその沈黙が、何を意味するかを感じとるのだ。子どもたちは、あの長い静かな時間を、どうやって使ったらよいのかわからないのだが、たしかにそこに、いきいきとした感動的な沈黙があることを感じとるだろう。それが子どもの奥深くに隠されている生命を見出し、それをより高貴な生活、より聖なる渇仰*へと導いてゆく。わずかな力で効果をあげ、内面生活に大きな影響を与える道徳面・精神面の育成を促す礼拝の方法が、これ以外にあるだろうか。ときおり、本当に精神的とおもわれる波が、この沈黙の静かさのなかで集会の上にひろがり、私にふかい荘厳さを感じさせた。そしてあまり注意ぶかい少年ではなかった私を、私の思惟よりさらに深い何ものかへ引きずりこんでいった――」。

十九世紀後半の、たぶん典型的ともいえるクエーカーの礼拝集会に、子どもとして出席していたウィリアム・フライヤー・ハーヴェイ*という人の書いた『私たちは七人であった』という本のなかの一節をここに紹介せずにはいられない。

――このころの礼拝は、二時間もつづくのであった――そこには宗教的な畏敬の念と、快楽にたいする誘惑のおもいが、子どもの心のなかで相互にはたらいていることが書かれており、子どもにも、荘厳な経験を把握する能力があることを読みとって安心するはずだ。
幼いウィリアムは、最初のうちはその沈黙のなかで、もじもじしていたが、やがて年老いたクエーカーのひとりが、苦痛にゆがんだ表情で、ふかい確信にみちたメッセージを述べる。彼はそれを何ひとつ理解せずに聞いていた。

「ぼくは、あの人をいい人だと直感した。あの人が、かるがるしく話さなかったからだ。しばらくのあいだ、すこし恐ろしいような気がしていたが、そのとき、時を刻むコチコチという音が、ぼくの注意をうながした。またぼくは、壁についたひびわれの具合が、ノルウェーとスウェーデンの地図にそっくりなのに気づいた。弟のチャーリーは大きなためいきをついて、ハンカチを落とした。ちょうどそのとき、祖母がお祈りをささげたのでぼくたちも立ちあがり、チャーリーときたら、脚台の上にのぼったりした。祖母は、このミーティングでただひとり、古めかしいクエーカー流の洋服を着て、帽子をかぶっていた。彼女はまるで美しい鳩のような感じだ。彼女の顔は、内側からあふれる光で輝いていた。お祈りがおわったのでぼくたちは静かに座った。時計の針はゆっくり、ゆっくりと動いている。すると突然、ある奇妙な幻想がぼくをおそう。この集会に集まっているフレンドの人たちを、強い順に並ばせるのに一番いい方法は何だろう。いちばん公平に戦わせるにはどうしたらいいのか。ウィリアム・スタウトと、サムエル・ヘイは身長が同じくらいでサムエルの方が重い。だが、ウィリアム・スタウトの方がずっと機敏だと思う。シスルスウェイト姉妹は、うまい組合わせだが、若い活発な妹は、誰と組合わせたらよいか。ケイトかそれともターンボール夫人か、あの管理人の奥さんのハウゲイト夫人か。時計の針が早く動き出した。いつのまにか、正午十分前になった。祖母は、ジョン・ヘンリー・プロビンさんと集会のおわりの握手をかわしている。ミーティングはおわった」。

二時間のあいだに、少年の心のなかには、こんなにもたくさんのことが去来する！

内なる計画者

子どもたちが畏敬の念を抱くか、それともわるふざけをするか、どちらにせよ、「孤独の時間」が必要であることを私たちは知らなければならない。

私たちの測り知ることのできない子どもの内側の成長は、孤独によってのみうながされるのである。

とすれば、私たちは、子どもや私たちの生活についてどういった反省をすべきであろうか。

年ごとに、私たちのたましいの求めてやまない大切な沈黙の時間はますます少なくなりつつある。

学校や、学校以外のところでも、ぎっしり詰まったスケジュールに追いまわされている子どもたちには、どんなことがおこるだろう。

かつては子どもの内側にあるものを熟成させる黄金の時とおもわれていた夏休みでさえ、次のように語る人の前には、危うくなってきている。

数年前、ある一流大学の学長が、現代の大きな危機は「何ものにも占領されざる心」であると警告し、これをふせぐための最良の方法は、学生たちを一年じゅう、学校に通わせることだと言った。

時間こそ偉大な資源である、とこの教育者は言う。そして一刻もむだにしてはならない、とも。

一年のカレンダーは、人を、たえず追いかけ回すだろう。その結果、国家の生き残りをかけた過酷な闘争に、私たちは首尾よく勝てるかもしれない。

しかし、「何ものにも占められていない時」こそ、心のなかを創造で満たしうるただひとつの方法であると、私は言いたい。

私は、時をただしく使うことに心をくだいているものだが、内なる計画者は、外側から予定をたてるよりも、ずっと素晴らしい時の使い方を示してくださる。外から与えられる予定表が、精神のうえでの本当に大切な要求を、どうして満たすことができようか。

エイミー・ローウェル*は、詩のもとになるアイディアを思いつくといつも、郵便ポストに入れるように心の中にしまっておいた。そして、ただ内なる計画者によってのみ発表されるある瞬間に――彼女は、全身全霊で詩を創りだすのであった。

また産科医の秘書は、生命の誕生というものはデスクの上の、どのカレンダーによっても計画することはできないことを知っている。

さあ、だから、ここに私たちはこの内なる計画者を刺激するために、自由な時間をとっておこうではないか。聖なるみちびきにてらし出された知性のはたらきを信じようではないか。

最後に、ウォルター・デ・ラ・メアの言葉を引用しよう。

「ひとりぽつねんとしたヒワがしているように、その羽根をくちばしでそろえて美しく飾ったり、食物をとったり水を好むという自然の本能が、そこにある。その孤独の時間をじゅうぶんに味わうことこそ、一粒のアザミの種子を、快い歌と、美と生のエネルギーにかえてゆくものなのだ」。

私たちはこれを信じようではないか。

父母の祈り

主なる父よ

私たち、子どもの父母や教師は、たくさんの心配をかかえて、あなたの御前《みまえ》に参りました。私たちは、子どもには未来がないのではないかという怖れに捉われます。また、私たちは、今すぐに行動をおこし、あちこち走りまわって、この崩れかかっている世界の、こちらの角、あちらの角を支えようという誘惑にかられております。

主なる父よ、こうして私たちが、気が狂ったかのようになって右往左往しているときに、どんなにか尊い荷物を落としてしまっているのではないでしょうか。この世界を救いながら、見放された子どものたましいを失うことになるのではないでしょうか。私たちや子どもたちが、誰によってつくられ、何のために創造されたかを知ることができるように、あなたの光でいつも照らしていてください。私たちの肩にかかる世界の重みをとりさりたいと願う不敬な言葉を、お許しください。私たちをお導きくださいましたように、私たちのちいさきものを、すべての存在の根源であるまことのものへと、お導きくださるよう、おたすけください。また、子どもを理解しようとする行為、子どもを心配してする仕事、子どもへの愛の行動など、あやまたず行えるよう、私たちをおたすけください。いける水をのもうとする子どもたちの邪魔者とならぬよう、私たちをおたすけください。いのちの水は、子どもたち自身で、飲みにゆかねばならぬのですから。

子どもたちとともに、私たちもまた、孤独の時間のなかにふみ入ることをお許しください。私たちの手ではとうていなし得ないと思われることも、孤独のなかでは可能にさせてくださるのは、父よ、あなたなのです。あなたのふりそそぐ愛を、私たちに体験させてください。私たちにもそれをしらせてください。あなたからの愛の悦びを知り、それを子どもたちによろこんでわかちあたえるものとして、お願いいたします。

アーメン。

一九六二年六月　　ケープ・メイにて

訳者あとがき

画家、有元利夫の画集を見ているとき、「啓示」と題した画面の上の方から画家の頭に向かって何本もの点線が描かれている小さな絵に目がとまりました。芸術家が自分の力をこえたものから創造力をいただけることを、まじめに描いているのです。

この論文の著者であるエリス・ボールディングはクエーカーですが、クエーカーは、創造を促す神からの光を、受けとめる能力が私たちのなかに、与えられているという考えを基本にしています。それを「内なる光」と呼んで、芸術家ばかりでなく誰でもが、その「内なる光」を大切にして、その導きによって生活すれば、創造性に富む、ゆたかな素晴らしい生き方ができると確信しています。

現代の教育を考えると、できるだけ早く、幼いときから知識を与え、訓練をし、可能ならば、「大天才」を育てあげることがもっとも大切にされているように思われます。

また、科学技術だけが人間の幸福をもたらし、勝負に勝つこと、利益をあげることだけに意味があるのだという考えに傾きすぎているように思われてなりません。

しかしほんとうの教育の目的は、この世で、平凡でもあたたかな愛のある、誠実で正しい生活を創造することなのです。それが幸福な生活です。この世の生活を『小さな天国』（"One Small Plot of Heaven"という著書で彼女は書いています）にすることなのです。
このような視点にたつ著者は、幼児や少年の心にはたらきかける神からの光を受け取らせるにはどうしたらよいか、心理学や、子ども時代の経験の記録、また自分の幼少期、あるいは自分の子どもを観察した記録を通して見つめ、はたらきかける神のうながしを子ども自身が感じ、それを味わえる時間を、大人が大切に見守るべきだ、と提言しておられるのです。

一九六四年、当時、国際基督教大学の客員教授として来日されていたご夫妻を水戸の拙宅にお招きしました。庭に植えられた一本のバラが、秋の花をつけていましたが、朝、赤い花弁が庭に散っているのを見て、夜の間にフェアリーが叩いていったのだと、ご夫妻で楽しそうに語っておられました。その時お泊めした日本座敷の床の間と押入れに、大変感心され、夏を過ごす山小屋には、ぜひこの方式を取り入れようと話しておられていたのを思い出します。

夫君ケネス・ボールディング氏は、あれからいくども NHK その他に招かれ、また新聞でもとりあげられておられるのでご存じのかたも多いと思いますが、日本の徳川三百年の鎖国時代を高く評価され、それはこれからの閉ざされた地球の上で人類が生き残るための手本になること、また、現在の日本の繁栄は、ひとえに軍隊をもたないからであることなどを話されました。

夫人は内助の功のレベルを超えて活動しておられますが、『惑星としての地球における社会組織』という本を夫君と共著で出しておられます。子どもを、鋳型にはめるのではなく、その内側にある賜《たまもの》を啓発させるために、ひとりにしておく時間をとっておくべきであるという卓見は、現在も、そして将来も、子どもにも大人にも大切なものでありましょう。

二〇〇五年　八月

小泉文子

原著者について

アメリカの著名な経済学者ケネス・ボールディングの夫人で、家庭にあっては五人の子どもたちの母でありながら社会学者として多くの仕事をしている。この小論のほかに『友会活動における私の役割』、『私たちの前に備えられてある悦び』などを出版しているほか、オランダのフレッド・ポラク博士の作品を『未来の映像』として翻訳出版している。一九六九年、ミシガン大学より博士号を取得したのち、コロラド大学、ダートマス大学で教鞭をとった。現在、戦争と平和、家庭生活、女性問題の研究を続けていて、ことに過去四千年をさかのぼって調べた社会、経済、政治の面における女性の変革の歴史を『歴史の内側』という論文にまとめ、高い評価を得ている。

〔二〇〇五年　小泉記〕

【その他の著作】

『家族における友会活動』（Friends Testimonies in the Home）一九五一年

『子どもの個性と仲間からの離れ』（The Personhood of Children and the Flight From Relationship）一九七六年

『生まれながらの記憶』（Born Remembering）一九七五年

『未来への道としての家族』（The Family as a Way Into The Future）一九七八年

訳註

P11＊ウィリアム・ペン

William Penn（一六四四―一七一八）イングランド植民地の政治家・宗教家。イギリス提督ウィリアム・ペンの息子。アイルランドで出会ったトーマス・ロウの影響を受けてクエーカー教徒となる。現在のアメリカ合衆国にフィラデルフィア市を建設し、ペンシルバニア植民地の創建者として知られる。

＊クエーカー教徒

クエーカー・フレンド派、友会。イギリス人George Fox（一六二四―九一）が中心となって興したキリスト教の宗派。神聖は生活のすべてにあると考えて、洗礼も含め特別な儀式を行わず、すべての人の内に神の光をみとめる。平和運動も盛ん。クエーカーとは「霊感に震える者」という意味に由来する俗称。日本人のクエーカー教徒としては、新渡戸稲造が有名。

P14＊アレクサンダー・ポープ

Alexander Pope（一六八八―一七四四）イギリスの詩人。幼少の頃から詩作に親しみ、最初の詩集『牧歌（Pastorals）』は十六歳の時の作という。他に『批評論（An essay on criticism）』や、ホメロス『イリアス』『オデュッセイア』の翻訳で知られる。

＊『孤独の賦』

原題〝Ode on Solitude〟林望が著書『イギリスはおいしい』（平凡社一九九一年刊）の冒頭に「独居頌」と題して訳を載せている。

P15＊リースマン

David Riesman（一九〇九―二〇〇二）アメリカの社会学者。『孤独な群衆』の著者として知られる。シカゴ大学、ハーバード大学で教鞭をとった。『個人主義の再検討』は佐藤毅・滝沢海南子訳で、一九五九年、パトリア書店から出ている。

＊ホワイト
William H. Whyte. Jr.（一九一七―九九）アメリカ「フォーチュン」誌のジャーナリスト。『組織の中の人間』（東京創元社　一九五九年刊）は古典的名著。なお、「集団思考」という言葉を「フォーチュン」誌のなかで最初に唱えたことでも知られる。

＊ハリントン
Alan Harrington（一九一九―六二）アメリカの作家。『水晶宮殿』の原題は"Life in the Crystal Palace"

P22**＊ジェイムズ・ネイラー**
James Naylor（一六一七―六〇）イギリスのクエーカー伝道者。

P25**＊マギル大学**
ケベック州モントリオールに本部を置くカナダの公立大学。一八二九年に設立された、カナダで最も歴史ある大学。

P35＊ブラームス
Johannes Brahms（一八三三—九七）十九世紀ドイツの作曲家、ピアニスト、指揮者。J・S・バッハ、ベートーヴェンとともに、ドイツ音楽における「三大B」とも呼ばれる。

P39＊H・G・ウェルズ
Herbert George Wells（一八六六—一九四六）英国の小説家、文明批評家。『タイム・マシン』『透明人間』『宇宙戦争』ほか作品多数。ジュール・ヴェルヌとともに「SFの父」とも呼ばれ、後世代の作家に多大な影響を及ぼす。

＊『自伝の試み』
原題は〝Experiment in Autobiography〟この本の後記（ポストスクリプト）に触発されて、『交換教授』で知られるイギリスの小説家デイヴィッド・ロッジは『絶倫の人——小説H・G・ウェルズ』を書いた。

P41＊『世界史文化体系』

原題は“The Outline of History”日本では『世界史文化体系』として、北川三郎、波多野鼎、新明正道訳で一九二七年、大鐙閣から出版された。

P42＊ウォルター・デ・ラ・メア

Walter John De La Mare（一八七三—一九五六）イギリスの作家、詩人。詩集とともに数々の児童文学の名作や怪奇小説を残した。『ある朝まだきに』の刊行は一九三五年。原題は“Early one Morning, in the Spring”

P43＊アイザック・ニュートン

Sir Isaac Newton（一六四二—一七二七）イギリスの自然哲学・天文学・物理学者。万有引力の発見、また微積分法の発見で知られる。

P44＊ジャンヌ・ダルク

Jeanne d'Arc（一四一二—三一）現在のフランス東部に農夫の娘として生まれた。神の啓示を受けたとしてフランス軍に従軍し、イングランドとの百年戦争で英国軍に包囲されたオルレアンを救うなど、重要な戦いに参戦して勝利を収めた。

＊ハーバート・スペンサー

Herbert Spencer（一八二〇—一九〇三）イギリスの哲学・社会学・倫理学者。経済誌「エコノミスト」の副編集長を勤め、また数々の著作を残し、古典的自由主義を唱えて後世に多大な影響を与えた。日本で影響を受けた政治家としては、森有礼や板垣退助などが有名。

P45 **＊チェルベリーのハーバート卿**

Lord Herbert Of Cherbury（一五八三—一六四八）

＊ビクター・ゲルツェル

Victor Goertzel（一九一四—一九九九）アメリカの心理学者、作家、活動家。第二次世界大戦中にアメリカに抑留されている日本人捕虜を擁護した。一九六二年に妻のミルドレッドと共著で『卓越したものの揺籃時代』(原題：Cradles of Eminence)を刊行した。

P47 **＊アインシュタイン**

Albert Einstein(一八七九―一九五五)ドイツ生まれの物理学者。相対性理論の提唱者として知られる。

P49 **＊ジャン・ポール・リヒター**

Johann Paul Friedrich Richter(一七六三―一八二五)ドイツの小説家。機智とユーモアに富んだ多彩な中長編を残した。訳書としては『陽気なヴッツ先生 ほか』(一九九一年、岩波文庫)や『巨人』(新装版一九九七年、国書刊行会刊)などが出ているほか、九州大学出版会より『ジャン・パウル中短編集』全2巻はじめ、多くのタイトルが刊行されている。

＊ジェラルド・バレッド

Gerald Barret(一八九三―一九五八)イギリスの作家・詩人。

P53 **＊ゲーテ・クリングベルク**

Göte Klingberg（一九一八—二〇〇六）スウェーデンのルンド大学名誉教授。

P55 ＊**ヘレン・トマス・フレックスナー**

Helen Thomas Flexner（一八七一—一九五六）アメリカのクエーカー教徒。

P61 ＊**ジェーン・ピアソン**

Jane Pearson（一七三五？—一八一六）イギリスのクエーカー教徒。

P62 ＊**ウィリアム・デューズベリー**

William Dewsbury（一六二一—一六八八）十七世紀のクエーカーの説教者。

P63 ＊**クラークソン**

Thomas Clarkson（一七六〇—一八四六）イギリス・ケンブリッジ大学の学生にして反奴隷制運動の指導者。彼の尽力でイギリスでは一八〇七年、アメリカより半世紀以上早く奴隷貿易は廃止された。

P65 ＊**ルース・フォローズ**

Ruth Follows（一七一六―一八〇九）十八世紀半ば以降イギリス全土で布教したクエーカー。

P66 ＊**ベンジャミン・バングズ**

Benjamin Bangs（?―?）クエーカーで回想録を著す。

P68 ＊**ジョン・ウールマン**

John Woolman（一七二〇―七二）アメリカのクエーカー教徒。

P69 ＊**「真理を述べ伝えた……」**

〝Publishers of Truth〟初期のクエーカー教徒は、伝導を使命と感じ、自分たちのことをこう呼んで、各地へ出かけていった。

＊**サラ・スティーブンソン**

Sarah Stephenson（一七三八―一八〇二）クエーカーの説教師で自伝作者。

P70 ＊**「頭にリボンをつけるなんて……」**

質素な生活を旨とするクエーカー教徒は、華美な服装や流行を廃して、無地の服を着ていた。また装飾品なども嫌い、リボンを付けるなどは論外であった。

P84 **＊ロレンス修道士**

Brother Lawrence（一六一四—九一）フランス・カルメル会の修道士。二十一歳のとき三〇年戦争でのスウェーデンとの戦いで負傷し、軍職を退く。一六六〇年にパリでカルメル修道会に入会。料理人や靴製造など身分の低い仕事をしながら神の現存を体験した。没後、彼の信仰に感銘を受けたヨセフ・ド・ボーフォールが談話と手紙を集めて『神の臨在の実践』を出版した。

P88 **＊ヘレン・トマス・フレックスナー**

Helen Thomas Flexner（一八七一—一九五六）『あるクエーカーの子供時代』の著者。

P92 **＊ルーファス・ジョーンズ**

Rufus Jones（一八六二―一九四八）アメリカのクエーカー伝道者、哲学者。クエーカー教徒を中心に結成されたNGO奉仕団「アメリカン・フレンズ・サービス・コミュニティ」（AFSC）の創設者。AFSCはふたつの世界大戦下で、良心的兵役拒否者による奉仕活動を展開した。

＊渇仰
"aspiration" 深く信仰すること。

P93
＊ウィリアム・フライヤー・ハーヴェイ
William Fryer Harvey（一八八五―一九三七）イギリスの怪奇小説家。クエーカー教徒の家に生まれた。

P101
＊エイミー・ローウェル
Amy Lowell（一八七四―一九二五）アメリカの詩人。没後の一九二六年にピューリッツァー賞の詩部門を受賞した。

「少友だより」から

小泉文子

「少友だより」は著者・小泉文子が一九八二年から九三年まで園長を務めた〈少友幼稚園〉にて、保護者に宛てて記した通信。詳細は「解題」参照。

厳しさが育むつよさ

あけまして、おめでとうございます。

冬至から二十日が過ぎて、いよいよ、一年で一番寒さの厳しい日々が続きます。身を切るようなこの冷たさは、私に「勁《つよ》い」という字を思いおこさせました。古めかしい字とみえて、手もとにある古い『広辞苑』には、『日本書紀』にある文字のように書かれていますが、新しい版には出ていません。まったくの主観ではありますが、「強い」という文字よりも、たわみのあるつよさを感じます。「子どもは、強くたくましく育ってほしい」というのは、親の切なる願いでありましょう。つよさとは何でしょうか。なみよりすぐれた腕力をもつことなのでしょうか。それとも、風邪もひかない健康な身体なのでしょうか。あるいは、必ずよい成績をとる知力をもつことでしょうか。

力も、健康も、知力も、あっという間に奪い去られてしまうものかもしれません。「生きる」という現実は、絵に描いたものではなく、綱渡りのようなものであります。ひと足、ひと足が注意深く、じゅうぶんにたわみをもちながら緊張する、それが生きている姿のように思えるのです。この厳しい寒さのなかで、木々の芽の内側には、生きる力が充実しはじめています。霜柱の立つ黒土の下では、球根が白い根をのばして、美しい花を開かせるための準備を、やすみなくつづけています。厚い白い雪の下には、路のとうがつぼみを用意していることでしょう。

精神の力強さを私どもにはげしく訴えている先人たちの中に、東北出身のかたが多いのに気づかせられるのも、そうした生活の厳しさが育んだものと思われます。宮澤賢治、斎藤茂吉、新渡戸稲造、羽仁もと子……かぞえきれない先達たち。きびしい風土のなかで、堪え忍ぶという精神が培われたことにほかならないのではないでしょうか。花組、星組の子どもたちの笑顔を思いうかべたお正月でした。

（一九八三年一月十日）

静かに、ひとりで

「〇〇さんも、塾に通わせているんですって」

「うちの子だけ、とり残されるのではないかしら」

お母さまがたの心の隅に、こうしたささやきがときおり、きこえてくるのではありませんか。「英才教育や才能教育をさせるのかって？　いいえ、そうではありません。うちでは落ちこぼれにだけはさせてはならないので……」と単純にあせりを感じているかたもおありでしょう。一人前になまいきな憎まれ口をたたいて走りまわっている子どもたちを見て、お尻を叩いてでも、きちんと何かを学ばせるべきだという識者もあるでしょう。「子どもの早期教育を推進すべし」と、社会で指導的立場におられるかたもその著書の中で主張しています。たぶん、子どもの世界をじっと見ることもしないで、社会に貢献できる尖兵にしたてあげようと、急いで、なんでも叩きこめばよい、と考えておられるのでしょう。幼児の言葉は、九官鳥のおしゃべりのように、音声をまねている部分が多いものです。特に母親にとって腹のたつような憎まれ口などは、お母さんがどんな反応を示すか、じっと観察し、言葉のもつ意味を、子どもの内側で熟成させているような気がします。

世の中が「スピード時代」になっているのに、園長は何をのんきに時代遅れなことを言っているかとお考えのかたもあるでしょう。進歩とは何でしょうか。変化する世の中に、ただただ順応し、もみくちゃにされ

る生き方よりも　この世を、人間にとって少しでもよりよく、住みよい世界に変革させようとする創造性を、子どもたちの中に開発したいものです。

固いつぼみを早く咲かせようと、花弁をむりにこじあけたらどうなるでしょう。おおらかな花びらは、静かに、自然に開くのです。無理にひらかせないでください。お母さまの仕事は、花ひらくべき植物を、害虫や、大風、極寒から守ることと、正しく肥料を与え、雑草を取り除いてやることなどのようなものと思います。どうぞ、子どもの中にある成長する力を信じてください。

（一九八三年二月一日）

花を開かせてくださるかた

あたらしいご生活、おめでとうございます。

桜のつぼみもふくらみました。冷たい風の吹きぬける三月。毎日、千波湖畔の散歩をしていましたとき、細い枯れたような枝から小さな芽が出たと思っておりました。先端に紅をふくんだその花芽が、満を持している四月初めのさまには、まことに生命の不思議さを感じ、ただ驚かされるばかりです。桜の開花予想は、東京・九段の靖国神社境内の桜のつぼみを採って、その重量を計って決めるといわれていますが、この、開きそうでいながら、なかなか開花しない桜の木を前にして、いらだちを覚えるほどです　誰がこの花を開かせるのでしょうか。大地の力なのでしょうか。太陽の光なのでしょうか。雨なのでしょうか。暖かい風なのでしょうか。もちろん、そうした要因も少しは関係するでしょう。しかし何といっても、この桜のつぼみの中にある「時」なのです。生命の「時」なのです。

幼児に対する「母の愛」は、本能的にはこの生命の「時」を知っているはずです。現代社会は本能から遠ざかり、ともすれば氾濫する情報にまどわされ、幼児の中にある「時」が見えなくなってしまいます。心して、情報に翻弄されて右往左往なさいませんように。この幼児の「時」を大切にして、ひとりの人間が花開くまでのひととき、ひとときを見守ってください。お母さまがたが頭の中にえがいた理想と思われる型に子どもをはめこむようなことをなさらず、ただ注意深く見守ってください。どんなに愛情深い母、賢い母でも、幼児の背丈を一センチ伸ばすことも、髪の毛を一本増やすこともできないのですから……。

お子さまのことで、どうしたらよいかお迷いになったときには、どうぞご相談においでください。いつでもお待ちしております。

（一九八三年四月十一日）

宇宙船「地球号」

「この子たちが大きくなった時に、どんな世の中になっているかと思うと、恐ろしくてなりません」。

お母さまの一人が言われました。

ほんとうに、私もそう思います。核をつけた兵器が、ヨーロッパのあちこちに配備された恐ろしい軍備の均衡状態。たとえ戦争が起こらないとしても、子どもの遊び場所も奪いとってしまう車社会、そして非人間的な住宅事情。一朝ことがおこれば、たちまち飢餓が待っているという世界の食糧事情。数えあげれば次つぎとでてきます。幼い子どもたちが、いくら泣き叫んでも、母親たちが双手を広げてこの流れを止めようとしても、荒れ狂う怒濤の前になすすべもなく立ちすくむほかありません。ただ不安だけが残ります。

私どもの友人で、アメリカの経済学者として有名なケネス・ボールディング博士が、二十年ほど前に水戸の私の家を訪れました。その時、「来る世紀の課題は、地球をひとつの惑星と考え、その球体の上で人類が仲よく暮らすことだ。そのためには日本の鎖国時代――徳川時代の三百年――をよく研究することだ」と言われました。話すよりも先に考えが進んでしまうのでどもる人だ、という評判のとおり、「ピ、ピ、ピ、ピース」などと言われるのを通訳するのは、たいへん骨がおれたと、私の夫も言っていました。ときに愚かとも思える人間の集まりが、こうした閉ざされた世界の中で、お互いに約束を守って楽しく生きてゆく方途を探ることができるようにと祈るほかはありません。徳川時代の三百年間、日本の人口はほとんど増えていないのですから、簡単にそれが可能だということはできないのですが……。

これから一日一日、いよいよ美しい夕景をひろげる西空に向かって、あすへの希望を訴えつづける毎日です。西空に沈む太陽が、ふたたび地上に光を投げかける朝のあることを疑わずにすむことを祈ります。私たちにできることは、幼い子どもたちとの愛情の交流の中で、いっしょうけんめい、一日一日を過ごすことのようです。神さまはお守りくださるでしょう。

（一九八三年十二月一日）

創造の芽が

「じっと見ていると　いろいろな音がきこえる……」

兵庫県余部《あまるべ》にあるミサキ小学校のちいさな分校に通うたった一人の生徒、小学校二年生の少女の詩です。海辺の過疎の村の静けさが、この少女に、こんな豊かな感性を培っていたのですね。もし彼女が、都会の喧噪の中におかれたとき、この感性はどんなものになってしまうでしょうか。子どもたちの周囲の環境について、深く考えさせられます。

同じ日に、コンピューターを導入した幼稚園の情景が、テレビに映し出されておりました。大人たちが使い方になかなか馴れず困惑している脇で、子どもが、楽々と操作している、というのが解説の言葉でした。キーを次つぎに押して、機械的に映像を作ることは、子どもにとっては遊びであって創造ではありません。「ワープロを使っていると漢字を忘れてしまう」と言っている作家がありましたが、子どもの脳の働きを開発するためにコンピューターの操作が必要かどうか、どなたでもおわかりになるでしょう。コンピューターは、たしかに大変な仕事ができるものです。人間が一生かかってもできないような計算が、数分でできてしまうと聞いております。ただ、子どもの能力とのかかわりを考えたとき、1から9までの数字を使って十進法で組み立てられている数を、0と1だけを使っての二進法を考え出したその発想の転換こそ、創造であり、幼い時に「じっと見ている」ことから「いろいろの音が聞こえ」、いろいろな創造の芽が形成されるのだと信じたいものです。

三学期に入って、子どもたちは静かに、よくお話をきくようになりました。とくに「静かにしなさい」などと言いもしないのに、私ども保育者の環境づくりが、子どもの感覚で理解できるからなのでしょうか。命令だけで動く子どもではなく、自分から積極的に、よろこんで、生活に参加できる子どもに成長しつつあることをご報告いたします。

（一九八四年二月一日）

自然とのふれあいで

山の端が明るくなりはじめてから、ずいぶん時間がたちました。そして、最初の光芒が、やっと私の体に届きました。

朝五時半。山の新緑は、やがて壮年の深い緑にうつろうとする時です。夜のとばりがあけはなたれたとたんに啼きはじめたアカハラの快いさえずりが終わって、カッコウの声があちこちで聞こえはじめます。ちょっとお寝坊の人には、まさしく目覚ましのカッコウ時計というところでしょう。

私どもの日常生活から消えてしまっているこの大自然の光と音の世界を、子どもたちに体験させたいと、しみじみ思います。大自然への畏敬の念を、幼い魂に注入すれば、どんなコンピューターもかなわない、造物主の手によってつくられた生命体は、生涯、忘れることのない北極星という人生の指針を、体の中にもつことになるでしょう。お祭り騒ぎではない、人間の大人の手で準備されたものでもない夜の漆黒、大自然の幽かな息吹、星のまたたき、その光のあたたかさ、白みゆく空にかける希望の感覚、大自然の中で味わう孤独と他者への愛情、そんなものを、いま感じさせたいという強い願いをもちます。幼い子どもには、こうしたものを包括的に受容できる感受性がそなえられているように思います。

海の家や、山の家をもっていることを宣伝する幼稚園もあると聞きました。設備を誇示するような誤ったことをすることがないよう、祈るばかりです。ワーズワースの虹の詩に示されているように、「子どもは大人の父」なのです。ちいさな、こましゃくれた子どもに仕立てるのではなく、大きな自然のひろがりに心をよせることのできる豊かな大人へのひとあし、ひとあし……それが園長の願いであります。お母さまがたのご健闘を祈ります。

（一九八四年七月一日）

スローガンではなく

日ごとに緑が濃くなります。手入れの行きとどかない私の家のちいさな庭は、伸び放題の枝とその葉が幾重にもかさなって、アンリ・ルソーの描く熱帯樹林の中にいるような感じがいたします。それだけに、ちょっとした晴れ間にさしこむ陽光と、木々の葉のたわむれは、またひとしおのたのしさです。

お母さまがたとのグループ懇談は、いろいろな問題が出るので、私もたいへん興味深くお話をうかがっております。

「個性とわがままは、どのあたりで区別できるのか」

「強さと優しさをどう考えたらいいのか」

などと、お母さまがたが、それぞれ子どもたちを育てるうえでいろいろお考えになっているのを知って頼もしく思っております。

小学校や中学校にまいりますと、黒板の隅や、上の方などに、教育目標というのでしょうか、「清く、正しく、美しく」などの類の言葉が書いてあるのを見受けます。いわゆるスローガンでしょう。日本人が特に標語好きなのかどうかわかりませんが、スローガンは、どうも現実的な意味をもたない、たんなるたてまえのように思えてなりません。特に教育の目標に使われている時には、なんともやりきれない感じを味わうのです。たとえば、

「強くたくましい子どもに育てよう」

を、現実のものとして考えてみましょう。それは、私見と独断で推測すると、

「腕力、脚力が人並にすぐれていて、病気もせず、体格もよく、リーダーシップをとれる子ども」という意味なのでしょうか。

他の人のために力を尽くすことができる、という意味なら納得できるのですが、自分のために強い力を発揮する強さは、当然、周囲の反発をかうでしょう。他を制圧する強さもあれば、他からの迫害に耐え忍ぶ強さもあるのです。どちらをよしとするとお考えになりますか。

病気をしないのは、とても素晴らしいこと、特に母親にとってはありがたいことかもしれません。病児のために心配するのは、とてもつらいことです。しかし別な観点にたてば、病気をする子どもは、その時、周囲の暖かい慰めや、励ましを受ける快さも味わうことができるのです。

リーダーシップをとることは、自分以外の人格を認め、理解してこそ可能なのですから、ひょっとしたら、ときには弱さを体験するほうがいいのかもしれません。
身体が弱く、泣き虫で、優しい子どもが、大人になる過程で学びとってゆくもの、それこそが素晴らしいものではないでしょうか。

（一九八六年七月一日）

内省する力

暑さが部屋の隅々に残りながらも〝赤い羽根〟の目立つ十月になりました。

二学期はますます、のびのびと元気な子どもたちです。朝のお話を聞くとき、少しはめを外したK君は、隣のお友だちとふざけていて「お話を聞きたい人のじゃましないで！」と注意をしてもやめません。とうとう園長はK君の隣の子どもを抱きあげて離れた席に移しました。それでも隣の別の子どもとふざけはじめました。「これはいけない、なんとかわからせたい」と私は、K君の隣に坐り、その小さな手を取って「これから毎日K君の隣に坐るね、ユビキリをしよう」と無理にゆびきりげんまんをしました。彼のふんまんをじゅうぶんに知りながら、私は無関心をよそおって坐っていました。彼は後向きになって駄々をこねていましたが……。翌朝、私はK君のことがとても気になり、とにかくわかってほしいと願いつつ園長室に坐っていると、ほどなくK君が一人でやってきたのです。

「ぼくね、よくお話をきくから、となりに坐らないで」

「そう、じゃあユビキリしたけど、あれは取り消しにするね」

私はK君のこの行動にとても感心しました。私との秘密のとり決めについて、彼は自分のなかで考え反省して、私のところに話をしにきたのでしょう。五歳になるかならずの幼さで、こんなに素晴らしい内省の力をもつK君。いえ幼児の能力にただ頭がさがりました。

お母さまの中には、そろそろ塾に通わせたい、英語もクモンも、ピアノもと考えているかたがあると思います。最近読んだ『津田梅子』（大庭みな子著、朝日文庫）という本のなかにこうありました。明治四年、政府の留学生として七歳でアメリカに留学した梅子は、明治十五年、十八歳で帰国し、女子のための大学を創立し、立派な働きをしたが、「梅子の日本語は終生、やや外国人ふうのものだった」と。

この本にあるように、幼児期は、前にも触れたように「内省」とか、「感謝」とか、「愛」など、人間の根本にかかわる能力を養う時なのだとつくづく思いました。


（一九九〇年十月一日）

幸せな人

外に出て空を仰いでみるとまぶしい陽光があふれていました。

じっと目をつむってごらん
風がどこから吹いてくるか
暖かいささやきがきこえるだろう
それは
いまも　この地球の裏側で燃えている

太陽のことばだよ
　　　　　　　　　　　（志樹逸馬　詩集「夜に」）

ハンセン病に冒されたこの詩人にとって、生きることは苦しみであり闇だったのでしょう。その闇のなかで光を感じていた彼に、深い祈りを感じました。

「幸せな人」ってどういう人なのかしら？　十四歳になった孫娘が尋ねました。「周りの人を幸せにしてあげられる人だと思うけど」と応えながら、周りの人を幸せにするなんてとても難しいな、と考えてしまいました。このときふと、小さな庭の小鳥の餌台にきているメジロが目にとまったのです。どうしたことか昨年は一度もわが家の庭にきてくれなかったメジロのつがいが、今年の冬は毎日あらわれてミカンの甘い汁を吸いながら遊んでいます。それを見ていると、心にある憂いも悲しみもすっかりぬぐわれて、とても楽しくまた慰められるのにあらためて気がつきました。

メジロは意図的に周りを幸せにしようと考えているわけではないでしょう。自分自身の生命を生きているだけなのです。それがこのように私にまで幸せを感じさせてくれるのです。幼児を見ているとき楽しいのも、それが精いっぱい生きている姿だからなのですね。お母さまが一生懸命、子育てをしておいでになる姿も、そうなのです。そうでした、一生懸命生きること、それが本当に「幸せな人」の姿だったのです。本年もどうぞお幸せに。

（一九九二年一月十日）

「涙で祈る母の子は滅びない」

きんの　びょうぶに　うつるひを
かすかに　ゆする　はるのかぜ……

ようやく私も雛を飾りました。古いふるい人形たちです。衣装も色があせています。半世紀近くも前のあの戦争による困難なときを生き延びたこの雛への愛着は、年ごとにいやますのですが。……五人ばやしのもつ壊れた、ちいさな鼓を、陽光のあふれた縁側で修繕してくれた私の祖母、それをじっと見ていた私は、ちょうどいまの園児たちの年齢でした。

その国固有の文化を伝えていくことの意味が、ようやく身体でわかるようになりました。それはただ習慣だからとか、しきたりだからというものではなく、そこには、母から子に伝えていく愛のかたちがあるのでしょう。生きることの中には、絵に描いたような幸福があるのではなく、かすかな慰めや、小さな悦びがあるだけですが、それに対する感謝の気持ちがあれば、それでじゅうぶんなのです。

ひつじ組さんたちとのお別れが、日ごとに近づいてきます。ひとりひとりの子どもが、これからの日々にどんな軌跡を描いていくか、ほんとうはお母さまがたにもわからないのです。ただ母の祈りがあるだけなのです。

「祈りは局面を更新する」

と言ったアンブロシウス（紀元三百五十年ごろ）に心からの尊敬を抱いていたモニカ。その愛する息子はやがて成長して聖アウグスティヌスとなります。そのアンブロシウスのもうひとつの言葉、

「涙で祈る母の子は滅びない」

を皆様に捧げたいと思います。

お母さまがたのご健闘を祈りつつ。


（一九九二年三月一日）

解題

編集部

本書は小泉文子著『幼児はあらゆる種子の萌芽を孕む』（田畑書店、二〇一三年刊）を底本としている。

そこに［参考資料］として収録されている「『子どもと孤独――創造性を養うために――』エリス・ボールディング著／小泉文子（二〇〇五年）訳」を独立させて前編とし、第Ⅱ章「少友だより（一九八二～一九九二）」に収録されたもののなかから十篇を選んで後編とした。

＊

『子どもと孤独』（Children and Solitude）は、アメリカ・ペンシルバニア州にあるクエーカーの施設〈ペンドルヒル〉のパンフレットの一冊として、

Children
and
Solitude
by Elise Boulding
Pendle Hill Pamphlet 125
45¢

【図1】

一九六二年に発行された。（【図1】参照）

その翻訳は一九八八年、松岡享子氏によってなされ、『子どもが孤独《ひとり》でいる時間《とき》』というタイトルでこぐま社から刊行されているが、著者のエリス・ボールディングと同じくクエーカー教徒として個人的に交友があった小泉文子氏が私訳を試み、少友学園を発行元として二〇〇五年に『子どもとこどく…創造性を養うために』というタイトルで小冊子にまとめられ、さらにその後、二〇一三年に『幼児はあらゆる種子の萌芽を孕む』に収められた。

小泉文子氏とエリス・ボールディングの交友関係は本書「訳者あとがき」や「『少友だより』から」の「宇宙船『地球号』」の中で触れられているが、夫婦ともどもの交流であり、お互いの信頼のほどは、ボールディングから氏に宛てた私信（【図2】）からも伺える。そこには“One Small Planet of Heaven”（一九八九年、ペンドルヒル刊）及びそれに関するあらゆる文章の翻訳を小泉氏に委ねる旨が、親密さの溢れることばで記されている。

なお、原典に副題はなく、また章立てもない。したがって「創造性を養うた

Elise Boulding
North Hill I-301
865 Central Avenue
Needham, MA 02492

7-23-05

Dear Fumiko,

How lovely to hear from you! Yes indeed you have my permission to translate any part of One Small Plot of Heaven or any other writing connected with One Small Plot of Heaven.

Bless you for thinking of doing it.

With loving best wishes,
Elise Boulding

【図2】

めに」という副題と、章立て及び各章タイトルは小泉氏が加えたものである。
本書ではさらに読みやすくするため改行を適宜施した。また「訳註」は底本にあるものに加え、編集部が付け足した。

＊

後編の母体となっている「少友だより」は、小泉氏が一九八二年から九四年まで園長を務めた〈少友幼稚園〉で、保護者に向けて定期的に届けられたメッセージである。そのうちのかなりの部分は、一九九〇年一月に聖文舎から出版された『少友だより——園児の母への手紙&幼児教育の現場から』にもまとめられている。それに九〇年秋以降に書かれたものを加えて計百十篇が『幼児はあらゆる種子の萌芽を孕む』に収められたが、今回、その中から編集部が十篇を精選し収録した。

なお本書の出版は、訳・著者である小泉文子氏がご高齢のため、ご子息である小泉徹氏、田中みどり氏の多大なご協力を得て実現できた。ここに改めて御礼を申し上げたい。

（二〇二〇年五月）

エリス・ボールディング（Elise Boulding）
1920年、ノルウェー・オスロに生まれ、3歳のとき家族ぐるみでアメリカに移住する。若い頃より平和運動に積極的にかかわり、クエーカー教徒となる。同じくクエーカー教徒である経済学者・詩人のケネス・ボールディングと結婚後、5人の子どもを育てながら平和研究に取り組む。1969年、ミシガン大学で社会学の博士号を取得。以後、ミシガン大学、コロラド大学で教鞭をとる。ダートマス大学名誉教授。国際平和研究学会（IPRA）の事務局長、国際連合大学の理事などを務めた。2010年、アルツハイマー病の合併症のため89歳で没。

小泉文子（こいずみ　ふみこ）
1922年、東京に生まれる。42年、東京女子高等師範学校理科卒業。クエーカー教徒。82年、少友幼稚園園長となる。94年より学校法人普連土学園長を務め、その後顧問となる。著書に『私の巡礼紀行』、『少友だより』（以上、聖文舎）、『もうひとつの横浜事件』、『幼児はあらゆる種子の萌芽を孕む』（以上、田畑書店）などがある。

田畑書店

子どもと孤独

2020年8月 5日　第1刷印刷
2020年8月10日　第1刷発行

著 者　エリス・ボールディング
訳／著者　小泉文子

発行人　大槻慎二
発行所　株式会社 田畑書店
〒102-0074　東京都千代田区九段南3-2-2　森ビル5階
tel 03-6272-5718　fax 03-3261-2263
装幀・本文組版　田畑書店デザイン室
印刷・製本　シナノ書籍印刷株式会社

ISBN978-4-8038-0374-7 C0195